# Pierre Perret
## illustré
### par Roger Moréton

Avec l'aimable autorisation des Editions Adèle.
Tous les textes de ce livre sont de Pierre Perret,
Auteur-Compositeur-Interprète Français.

Les illustrations de ce livre sont de Roger Moréton
Peintre-Illustrateur Français.

Remerciements à Madame Rébecca Perret

# Sommaire

| | |
|---|---:|
| La bête est revenue | 4 |
| Lily | 8 |
| Le tord boyaux | 12 |
| Le cul de Lucette | 16 |
| Tonton Cristobal | 20 |
| Vieux Sidney | 24 |
| Mon p'tit loup | 28 |
| L'arbre si beau | 32 |
| La télé en panne | 36 |
| La petite kurde | 40 |
| Sauvage | 44 |
| La porte de ta douche est restée entr'ouverte | 48 |
| Ferdinand | 52 |
| Riz pilé | 56 |
| La femme grillagée | 60 |
| Le zizi | 64 |
| La réforme de l'orthographe | 68 |
| Les jolies colonies de vacances | 72 |
| Le plombier | 76 |
| Vert de colère | 80 |
| Donnez-nous des jardins | 84 |
| Ouvrez la cage aux oiseaux | 88 |
| Les tabliers bleus | 92 |
| L'hopital | 96 |
| Ainsi parlait mon grand père | 100 |
| Elle attend son petit | 104 |
| Quand le soleil entre dans ma maison | 108 |
| Femmes battues | 110 |
| La sieste | 114 |
| Quelle époque on vit | 118 |

# La bête est revenue

Sait-on pourquoi, un matin,
Cette bête s'est réveillée
Au milieu de pantins
Qu'elle a tous émerveillés
En proclamant partout, haut et fort
"Nous mettrons l'étranger dehors"
Puis cette ogresse aguicheuse
Fit des clones imitatifs.
Leurs tirades insidieuses
Convainquirent les naïfs
Qu'en suivant leurs dictats xénophobes,
On chasserait tous les microbes.

Attention mon ami, je l'ai vue.
Méfie-toi, la bête est revenue!
C'est une hydre au discours enjôleur
Qui forge une nouvelle race d'oppresseurs.
Y a nos libertés sous sa botte.
Ami, ne lui ouvre pas ta porte.

D'où cette bête a surgi,
Le ventre est encore fécond.
Bertold Brecht nous l'a dit.
Il connaissait la chanson.
Celle-là même qu'Hitler a tant aimée,
C'est la valse des croix gammées
Car, pour gagner quelques voix
Des nostalgiques de Pétain,
C'est les juifs, encore une fois,
Que ces dangereux aryens
Brandiront comme un épouvantail
Dans tous leurs sinistres éventails.

Attention mon ami, je l'ai vue.
Méfie-toi, la bête est revenue!
C'est une hydre au discours enjôleur
Qui forge une nouvelle race d'oppresseurs.
Y a nos libertés sous sa botte.
Ami, ne lui ouvre pas ta porte.

N'écoutez plus, braves gens,
Ce fléau du genre humain,
L'aboiement écœurant
De cette bête à chagrin
Instillant par ces chants de sirène
La xénophobie et la haine.
Laissons le soin aux lessives
De laver plus blanc que blanc.
Les couleurs enjolivent
L'univers si différent.
Refusons d'entrer dans cette ronde
Qui promet le meilleur des mondes.

Attention mon ami, je l'ai vue.
Méfie-toi, la bête est revenue!
C'est une hydre au discours enjôleur
Dont les cent mille bouches crachent le malheur.
Y a nos libertés sous sa botte.
Ami, ne lui ouvre pas ta porte.
Car, vois-tu, petit, je l'ai vue,
La bête. La bête est revenue.

# Lily

On la trouvait plutôt jolie, Lily
Elle arrivait des Somalies Lily
Dans un bateau plein d'émigrés
Qui venaient tous de leur plein gré
Vider les poubelles à Paris
Elle croyait qu'on était égaux Lily
Au pays de Voltaire et d'Hugo Lily
Mais pour Debussy en revanche
Il faut deux noires pour une blanche
Ça fait un sacré distinguo
Elle aimait tant la liberté Lily
Elle rêvait de fraternité Lily
Un hôtelier rue Secrétan
Lui a précisé en arrivant
Qu'on ne recevait que des Blancs

Elle a déchargé des cageots Lily
Elle s'est tapé les sales boulots Lily
Elle crie pour vendre des choux-fleurs
Dans la rue ses frères de couleur
L'accompagnent au marteau-piqueur
Et quand on l'appelait Blanche-Neige Lily
Elle se laissait plus prendre au piège Lily
Elle trouvait ça très amusant
Même s'il fallait serrer les dents
Ils auraient été trop contents
Elle aima un beau blond frisé Lily
Qui était tout prêt à l'épouser Lily
Mais la belle-famille lui dit nous
Ne sommes pas racistes pour deux sous
Mais on veut pas de ça chez nous

Elle a essayé l'Amérique Lily
Ce grand pays démocratique Lily
Elle aurait pas cru sans le voir
Que la couleur du désespoir
Là-bas aussi ce fût le noir
Mais dans un meeting à Memphis Lily
Elle a vu Angela Davis Lily
Qui lui dit viens ma petite sœur
En s'unissant on a moins peur
Des loups qui guettent le trappeur
Et c'est pour conjurer sa peur Lily
Qu'elle lève aussi un poing rageur Lily
Au milieu de tous ces gugus
Qui foutent le feu aux autobus
Interdits aux gens de couleur

Mais dans ton combat quotidien Lily
Tu connaîtras un type bien Lily
Et l'enfant qui naîtra un jour
Aura la couleur de l'amour
Contre laquelle on ne peut rien
On la trouvait plutôt jolie, Lily
Elle arrivait des Somalies Lily
Dans un bateau plein d'émigrés
Qui venaient tous de leur plein gré
Vider les poubelles à Paris.

# Le tord boyaux

Il s'agit d'un boui-boui bien crado
Où les mecs par dessus l'calendo
Se rincent la cloison au Kroutchev maison
Un Bercy pas piqué des hannetons
D'temps en temps y a un vieux pue-la-sueur
Qui s'offre un vieux jambon au vieux beurre
Et puis une nana, une jolie drôlesse
Qui lui vante son magasin à fesses

Au Tord-Boyaux
Le patron s'appelle Bruno
Il a de la graisse plein les tifs
De gros points noirs sur le pif

Quand Bruno fait l'menu et le sert
T'as les premières douleurs au dessert
L'estomac à genoux qui demande pardon
Les boyaux qui tricotent des napperons
Les rotules de grand-mère c'est du beurre
A côté du bifteck pomme vapeur
Si avant d'entrer y te reste une molaire
Un conseil : tu la laisses au vestiaire

Au Tord-Boyaux
Le patron s'appelle Bruno
Sa femme est morte y a trois mois
D'un ulcère à l'estomac

Dans le quartier meme le mois le plus doux
Tu n'risques pas d'entendre miaou
Des greffiers mignons y en a plus bezef
Ils sont tous devenus terrine du chef

Je m'souviendrai longtemps d'un gazier
Qui voulait à tout prix du gibier
Il chuta avant de sucer les os
Les moustaches en croix sur le carreau

Au Tord-Boyaux
Le patron s'appelle Bruno
Il envoie des postillons
ca fait des yeux dans l' bouillon

Sois prudent, prends bien garde au fromage
Son camembert a eu le retour d'âge
Avant d'l'approcher j'te jure que t'hésites
Ou alors c'est que t'as la sinusite
Comme Bruno a un gros panari
Le médecin a prescrit l'bain-marie
Mais subrepticement en t'amenant l'assiette
Il le glisse au chaud dans la blanquette

Au Tord-Boyaux
Le patron s'appelle Bruno
Rien qu'à humer l'mironton
T'as la gueule pleine de boutons

Il s'agit d'un boui-boui bien crado
Où les mecs par-dessus l'calendo
Se rincent la cloison au Kroutchev maison
Un Bercy pas piqué des hannetons
Cet endroit est tellement sympathique
Qu'y a déjà l'tout Paris qui rapplique
Un p'tit peu déçu d'pas etre invité
Ni filmé par les actualités

Au Tord-Boyaux
Le patron s'appelle Bruno
Allez vite le voir avant
Qu'il s'achète la Tour d'Argent

# Le cul de Lucette

Quelquefois je me glace
J'aime mieux remettre les choses en place
Et j'en veux à ces gens
Qui s'expriment comme des glands
Vous messieurs dans la rue
Quand vous matez un beau cul
Vous murmurez bon sang de bois
Quel beau derrière elle a

Dieu que ce langage-là me blesse
Parler ainsi d'une belle paire de fesses
Laissez-moi glorifier sans façons
De nos dames ce noble tronçon

Y a d'abord le cul rond
Le cul qui se fait pas de mouron
Très à l'aise dans la mouise
Autant que chez la marquise
Y a le cul bas le misérable
Celui qui fait des trous dans le sable
Et y a le cul rebondi
Qui marque toujours midi

Mon préféré c'est celui de Lucette
Son merveilleux p'tit cul en trompette
C'est la mappemonde du bonheur
C'est vraiment lui le cul de mon cœur

Y a le cul un peu teigne
Qui aurait besoin d'un coup de peigne
Pis y a le cul de Renée
Qui souhaite la bonne année

Y a le cul prolétaire
Faut être deux pour le faire taire
Et le cul aristo
Qui dit jamais de gros mots

Mon préféré c'est celui de Lucette
Le seul qui ait des senteurs de violette
Quand je le vois pas d'une semaine je pleure
C'est vraiment lui le cul de mon cœur
Y a le cul de Florence
Qui dit toujours ce qu'il pense
Et y a le cul de Maguy
Celui qui est fermé le mardi
Quand il pleut celui qui frise
C'est le gentil cul de Maryse
Qui résonne comme un tambour
Et gagne tous les concours

Mon préféré c'est celui de Lucette
Le seul qui se monte jamais la tête
Qui sait être là dans le malheur
C'est vraiment lui le cul de mon coeur
Y a les culs à moustache
Les coiffeurs se les arrachent
Et les culs les plus cotés
Ceux qui ont la raie de côté
Les culottés les cupides
Y a les culs qui prennent le bide
Les culs fanés de jadis
En forme de fleur de lys

Mon préféré c'est celui de Lucette
C'est le paradis en chemisette
C'est un cul classé de grand seigneur
C'est vraiment lui le cul de mon cœur
J'ai couru j'ai bien vécu
J'ai vu des milliers de culs
Mais y a que le cul brésilien
Dont l'arôme se retient
J'ai vu les culs des moukères
Qui ont besoin d'une moustiquaire
J'ai vu le cul d'Ashi Moto
Celui qui prend des photos

Mais je préfère quand même celui de Lucette
Ne le frôlez pas de vos fourchettes
Vous les taste-fesses amateurs
C'est vraiment lui le cul de mon cœur

# Tonton Cristobal

Tonton Cristobal est revenu
Des pesos des lingots il en a le cul cousu
La famille hypocrite crie vive le barbu
Tonton Cristobal est revenu

A nous ses petits neveux on nous disait il s'est taillé
En Amérique du Sud sans un pélot tout débraillé
Mes enfants que la Vierge nous patafiole
Plutôt que de revoir un jour sa fiole
A Buenos Aires il faisait la traite
D'on ne sait quel produit
Il est revenu fortune faite
Plein de cadeaux jolis
Une poupée qui fait pipi qui se mouche
Et qui a des seins qui se gonflent avec la bouche

Tonton Cristobal est revenu
Des pesos des lingots il en a le cul cousu
La famille hypocrite crie vive le barbu
Tonton Cristobal est revenu

Depuis que tonton est là on fume de la marijuana
On fout des coups de pétard partout nos parents mouftent pas
Le matin après le chocolat on chique
Et on crache à six pas comme au Mexique
Il était chef guérillero et dur comme un silex
Il a battu José Corral au poignard en solex
Estafilé de l'oreille à la bouche
L'autre avait un bel abreuvoir à mouches

Tonton Cristobal est revenu
Des pesos des lingots il en a le cul cousu
La famille hypocrite crie vive le barbu
Tonton Cristobal est revenu

Je vais maintenant vous le décrire il est petit mignon
Il a le tuyau d'échappement plutôt près du gazon
Des pieds au blair il est plein de cicatrices
Truffé de valdas dans le tiroir à saucisses
Avec ses escalopes il sait toujours d'où vient le vent
Il lui reste une dent en or juste sur le devant
Cristobal vous sentez un peu la chèvre
Disait ma mère en lui tendant ses lèvres

Tonton Cristobal est revenu
Des pesos des lingots il en a le cul cousu
La famille hypocrite crie vive le barbu
Tonton Cristobal est revenu

Tonton est mort un jour d'avoir oublié de respirer
Sa distraction fatale nous ses copains nous fit pleurer
Honteux de voir nos parents qui plaisantent
Autour de sa dépouille encore fumante
Mais un fantôme depuis punit cette famille ingrate
Quand ces bourreaux nous ont meurtri les miches à coups de sav
Il vient la nuit tirer les pieds de ma mère
Qui aussitôt fout une baffe à mon père

Tonton Cristobal est revenu
Des pesos des lingots
Rien ne sera perdu
Car le testament lègue aux neveux les écus
Tonton Cristobal est revenu

# Vieux Sidney

Vieux Sidney vieux Sidney
En refaisant ta chanson
Vieux Sidney vieux Sidney
Je sais qu'c'est pas mes oignons

C'est pas vrai Vieux Sidney
Si j'en crois l'ami Léon
Y a bientôt dix ans aux cerises
Que tu t'es fait la valise

Mais je sais mon vieux frère
Que tu t'es pas fait la paire
Je t'entends je te vois
Jouer les oignons pour moi

Comme à la Nouvelle Orléans
On se poêle dans les enterrements
J'espère que tu ne m'en voudras pas
Je pleure pas

Tous les potes jouent pour toi
C'est la fête à tes chansons
On fait comme si t'étais là
On pleure pas

Parfois même on se fend la bouille
Quand Luter pose sa pipouille
Y nous dit Sidney disait ça
On pleure pas

Tu cours dans les rues d'Antibes
Tu deviens marchand de poisson
Toi seul as su faire ce type
De chansons

Vieux farceur Vieux Sidney
Quand tu étouffes ta carotte
Vieil amoureux révolté
Ta petite fleur nous botte

Je te dis pas à bientôt
Ce sera toujours trop tôt
Comprends-moi mon ami
Toi qui aimais tant la vie

Vieux Sidney vieux Sidney
En refaisant ta chanson
Vieux Sidney vieux Sidney
Je sais qu'c'est pas mes oignons

# Mon p'tit loup

T'en fais, pas mon p'tit loup,
C'est la vie, ne pleure pas.
T'oublieras, mon p'tit loup,
Ne pleur' pas.

Je t'amèn'rai sécher tes larmes
Au vent des quat' points cardinaux,
Respirer la violett' à Parme
Et les épices à Colombo.
On verra le fleuve Amazon'
Et la vallée des Orchidées
Et les enfants qui se savonn'nt
Le ventre avec des fleurs coupées.

T'en fais, pas mon p'tit loup,
C'est la vie, ne pleure pas.
T'oublieras, mon p'tit loup,
Ne pleur' pas.

Allons voir la terre d'Abraham.
C'est encore plus beau qu'on le dit.
Y a des Van Gogh à Amsterdam
Qui ressemblent à des incendies.
On goût'ra les harengs crus
Et on boira du vin d'Moselle.
J'te racont'rai l'succès qu'j'ai eu
Un jour en jouant Sganarelle.

T'en fais, pas mon p'tit loup,
C'est la vie, ne pleure pas.
T'oublieras, mon p'tit loup,
Ne pleur' pas.

Je t'amèn'rai voir Liverpool
Et ses guirlandes de Haddock
Et des pays où y a des poul's
Qui chant'nt aussi haut que les coqs.
Tous les livres les plus beaux,
De Colette et d'Marcel Aymé,
Ceux de Rab'lais ou d'Léautaud,
Je suis sûr qu'tu vas les aimer.

T'en fais, pas mon p'tit loup,
C'est la vie, ne pleure pas.
T'oublieras, mon p'tit loup,
Ne pleur' pas.

J't'apprendrai, à la Jamaïque
La pêche' de nuit au lamparo
Et j't'emmènerai faire un pique-nique
En haut du Kilimandjaro
Et tu grimperas sur mon dos
Pour voir le plafond d'la Sixtine.
On s'ra fasciné au Prado
Par les Goya ou les Menine.

T'en fais, pas mon p'tit loup,
C'est la vie, ne pleure pas.
T'oublieras, mon p'tit loup,
Ne pleur' pas.

Connais-tu, en quadriphonie,
Le dernier tube de Mahler
Et les planteurs de Virginie
Qui ne savent pas qu'y a un hiver.
On en a des chos's à voir
Jusqu'à la Louisiane en fête
Où y a des typ's qui ont tous les soirs
Du désespoir plein la trompett'.

T'en fais pas, mon p'tit loup,
C'est la vie, ne pleur' pas.
Oublie-les, les p'tits cons
Qui t'ont fait ça.

T'en fais pas, mon p'tit loup,
C'est la vie, ne pleur' pas.
J't'en supplie, mon p'tit loup,
Ne pleure pas.

# L'arbre si beau

Je marchais le long de la Garonne
Respirant les senteurs de l'automne
Quand soudain mon cœur s'est arrêté
Ce grand bleu c'est moi qui l'ai planté
Ce superbe cèdre du Liban
Ses ramures auraient bientôt cent ans
Il a vu des lunes et des soleils
Des bobos, des chagrins, des merveilles

Quand j'ai vu cet arbre si beau
Qui lançait des poignées d'oiseaux
Ont surgi mes souvenirs éclatés en morceaux
Quand j'allais brûler mes vaisseaux
Et les doubles-croches de leurs ailes
Prestement tracées dans le ciel
Ecrivaient dans l'azur
De leur frêle voilure
De ma vie la trame essentielle
J'ai revu au pays des Ibis
Mes fragiles amours de Jadis
Les beaux cheveux châtains
Dévalant sur les reins
De Marie plus nue que ma main
Et son corps de fée s'éclairait sous mes doigts
Et pendant qu'elle mordait le vent
J'obtins tout au bout de son sourire moqueur
Qu'elle me donne l'adresse de son cœur

Et cette fille aux longs cheveux noirs
Hanches pleines et sourire d'ivoire
Elle cultivait ses seins à l'ombre d'un mari
Qu'elle aimait quand il était loin
A travers les pins du Ventoux
Sur nos corps passait le vent fou
De son short en percale
J'ai forcé l'terminal
Et l'bouton s'était fait la malle
Que sont ma princesse devenus
Les fleurs sombres de tes seins menus
Tes fantasmes d'azur
L'envol de tes fémurs
Au jardin des mille fêlures
Les cents mille éclats du sourire d'Isabelle
Les larmes noyant ses prunelles
Lui faire des baisers, des baisers, des baisers
La prendre encore toute habillée

Quand j'ai vu cet arbre si beau
Qui lançait des poignées d'oiseaux
C'étaient tous mes souvenirs
Qui grimpaient à l'assaut
De mon cœur jouant au cerceau
Quand j'ai vu cet arbre si beau
Qui chantait Verlaine et Rimbaud
C'était la symphonie
De vie, de liberté
Qui rime avec éternité

# La télé en panne

C'était un soir messieurs mesdames
Ou la télé était en panne
Ah je m'en souviendrai longtemps
Ce fut un sacré bon moment
On allait dîner tranquillement
Sans dévorer le petit écran
Sans se barder la chemise de nouilles
En regardant causer ces andouilles

C'était un soir messieurs mesdames
Ou la télé était en panne
On allait louper à coup sûr
Les attentats tous les coups durs
Tout ce qui dégringole à la ronde
Sur la calebasse du pauvre monde
Et tout le cortège désabusé
Des mêmes qui sont toujours baisés

C'était un soir messieurs mesdames
Ou la télé était en panne
Su'l'coup mes parents pris de court
Voulaient appeler police secours
Ils se sont rués sur le palier
Et le moral salement cisaillé
Prenant leur courage à deux mains
Ils ont parlé à leurs voisins

C'était un soir messieurs mesdames
Ou la télé était en panne
On les a tous emmenés chez nous
Moi j'ai décroché mon biniou
Papa prit son accordéon
Le voisin du dessus son violon
On a fait un bœuf du tonnerre
Un truc qui vous fout le cul par terre

Pour finir la nuit messieurs dames
Cupidon se mêlant aux programmes
Incroyablement pour maman
Son époux redevint son amant
Et quand mon vieux lui a dit je t'aime
Ce fut comme un second baptême
Elle avait les calots brillants
Un coup de grisou dans le palpitant

C'était un soir messieurs mesdames
Ou la télé était en panne
¨Pourtant grâce à ce jour funeste
On a monté un chouette orchestre
Nous vendîmes nos télés aux puces
On vit maintenant de nos chorus
Et ça nous fait bien rigoler
Demain on passe à la télé

# La petite kurde

Petite si tu es kurde, écoute-moi
Il faut partir et quitter ton chez-toi
Moi, j'ai connu ton sort
J'ai tutoyé la mort
On n'a jamais raison contre un soldat.

Ils étaient cent autour de ma maison;
Aux murs, y avait de l'ail et des poivrons
Le vent était si doux
Le ciel était si clair
Et mon père est tombé dans un éclair.

C'était un matin calme de septembre,
Ils ont amené ma mère dans la chambre
Grand-père dans ses mains
Pleurait comme un enfant
Dehors on entendait hurler Maman.

Grand-mère faisait du pain dans la cuisine
Elle s'effondra le nez dans sa farine
Et sur son cœur éclot
La fleur d'un géranium
Dernier hommage qu'elle ait reçu d'un homme.

Grand-père à coups de crosse dans le dos
Implora la pitié de ses bourreaux
J'entendais les soldats
Qui riaient tant et plus
Et Maman sur son lit ne criait plus.

Puis soudain le soleil s'est endeuillé
Les obus éclataient comme des œillets
La mort faisait ripaille
Jusque dans mon jardin
Il n'y poussait plus que des orphelins.

La pluie qui avait cousu tout l'horizon
Faisait fumer les ruines des maisons
Et tout en s'éloignant
Du ciel de Babylone
Je compris que je n'avais plus personne.

N'écoute pas les fous qui nous ont dit
Qu' la liberté est au bout du fusil
Ceux qui ont cru ces bêtises
Sont morts depuis longtemps
Les marchands d'armes ont tous de beaux enfants.

Depuis la nuit des temps c'est pour l'argent
Que l'on envoie mourir des pauvres gens
Les croyants, la patrie
Prétextes et fariboles !
Combien de vies pour un puits de pétrole ?

Petite, si tu es kurde, il faut partir
Les enfants morts ne peuvent plus grandir.
Nous irons en Europe,
Si tel est notre lot
Là-bas ils ne tuent les gens qu'au boulot !

# Sauvage

Sauvage
Je n'aime que ce qui est resté
Sauvage
Je préfère l'enfant dans les
Nuages
Rebelle sauvage
Sauvage
J'aime la mer et les oiseaux
Sauvages
Pas quand le pétrolier dans son
Sillage
Goudronne leur plumage

Que reste-il de vrai
Que reste-il de beau
Moi la seule que je connais
Guérit mes bobos
Que reste-il de vrai
Que reste-il de beau
C'est mon amour à la crème
La p'tite Marie-Jo

Sauvage
J'adore le fracas du vent
Sauvage
Qui traverse la soie des
Corsages
Des filles pas sages
Sauvages
J'aime la nature aux odeurs
Sauvage
Pas celle que les promoteurs
Saccagent
Le long des rivages

Pauvres lions en cage
Pauvres éléphants dressés
Et tigres au si beau pelage
Qui disparaissez
Pauvres gorilles en otage
Pauvres ours qui dansez
Y a pour détruire un sauvage
Qu'un civilisé

Sauvage
J'aime l'éclair qui traverse
L'orage
Le crocodile dans son ma-
-Récage plutôt qu'en
Bagage
Sauvage
L'Amérique massacra les
Sauvages
Qui avaient hélas le désa-
-Ventage
D'être nés sauvages

Que reste-t-il de vrai
Que reste-t-il de beau
Moi je connais une fée
Qui fait mon café
Que reste-t-il de vrai
Que reste-t-il de beau
C'est mon amour à la crème
La p'tite Marie-Jo

Sauvage
Moi j'aime la p'tite Marie-Jo
Sauvage

# La porte de ta douche est restée entr'ouverte

La porte de ta douche est restée entr'ouverte
Abusant de la situation
D'un œil inquisiteur d'une prunelle experte
J'ai découvert plaines et monts
Le temple du soleil et la vallée sacrée
Ont disparu sous le savon
Et dans un éclair bleu niché dans la rosée
J'ai vu le mont Gerbier des Joncs

La porte de ta douche est restée entr'ouverte
Et j'ai cru voir en un instant
Les jardins andalous que piétinaient alertes
Tous les chevaux d'Afghanistan
Et ni les jardiniers ni les faiseurs de pluie
N'ont vu de chef-d'œuvre aussi beau
Le dessus du panier de votre anatomie
Est une grappe de cadeaux

La porte de ta douche est restée entr'ouverte
Peut-on ne pas devenir fou
En découvrant parmi quelques lies désertes
Tous les chemins de Katmandou
Et telle une algue souple au fond des mers nacrées
Tu ressemblais à Ophélie
Tes doigts s'ouvrant sur tes jeunes seins de poupée
Comme des roses épanouies

La porte de ta douche est restée entr'ouverte
Le documentaire était beau
Ces flamants roses avec la culture des fraises
Ont mis la fièvre sous ma peau
Une chanson dorée s'échappait de tes lèvres
Et ça parlait de paradis
Je buvais goulûment ces paroles un peu mièvres
Aux frissons d'amour garantis

La porte de ta douche est restée entr'ouverte
Quand soudain gonflant mes poumons
J'ai crié au secours à moi au feu alerte
Dans mes bras tu n'as fait qu'un bond
Tu m'as dit sauve-moi on va mourir peut-être
C'était un appel du destin
Que dans ta chambre bleue j'ai suivi à la lettre
Et jusqu'au lendemain matin...

La porte de ta douche est restée entr'ouverte

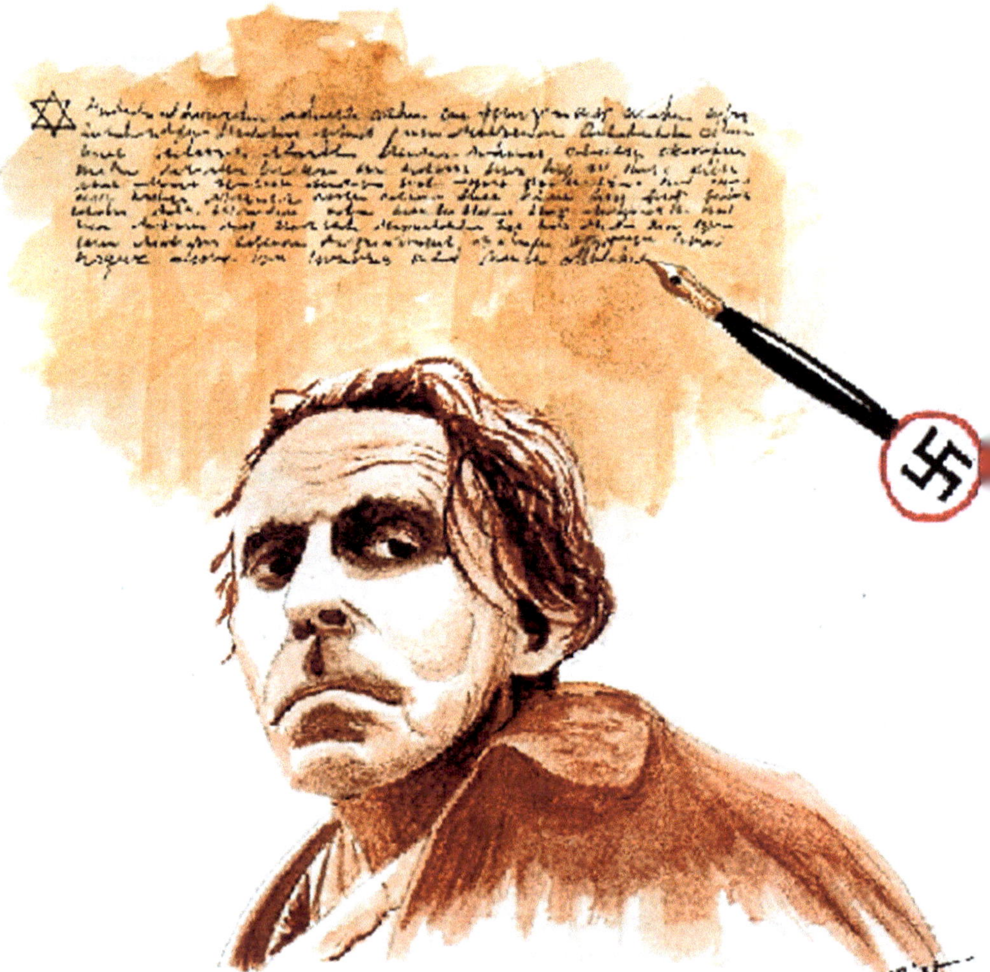

# Ferdinand

J'ai crû découvrir un grand écrivain.
J'avais dix huit ans quand j'ai lu "l'Voyage"
Puis "Mort à crédit" et après, plus rien
Que des mots fascistes. J'ai tourné la page.
Il aidait les pauvres autant qu'les chatons.
C'est c'qu'il prétendait mais il n'aimait guère
Tout c'qui était négro Judéo-saxon,
D'la grain' de racaille et de rastaquouère.

Oui, c'est toi qui a écrit ça.
Sois fier car c'est grâce à toi
Que tous les mal-blanchis n'ont pas fini
Leur voyage au bout d'la nuit.

As-tu gagné le ciel, Ferdinand?
Est-ce que Dieu n'aime que le sang bleu?
Le racisme chez toi polluait le talent.
Tu étais pas un bien joli monsieur.

" Racisme d'abord, racisme avant tout,
Racisme suprême et désinfection. "
C'est c'que tu écrivais dans "Je suis partout".
Pour toi, Buchenwald fût "la solution".
Tu disais : " La race doit être épurée
Des Juifs, des bougnouls " et, pour illustrer
L'invention verbale dont tu étais si fier,
Tu affirmais : " Je m'sens très ami d'Hitler. "

As-tu gagné le ciel, Ferdinand?
Est-ce que Dieu n'aime que le sang bleu?
Le racisme chez toi polluait le talent.
Tu étais pas un bien joli monsieur.

Tu écrivis un jour pour ta grande gloire
Que " l'union impure qui rapproche la
Femm' de ménag' blanche et le facteur noir,
C'est sang dominé et sang dominant. "
Ton ami Hitler, Louis-Ferdinand,
Aurait pû te dire, tant il est notoire,
Que l'sang dominé et l'sang dominant
Ont la mêm' couleur au four crématoire.

As-tu gagné le ciel, Ferdinand?
Est-ce que Dieu n'aime que le sang bleu?
Le racisme chez toi polluait le talent.
Tu étais pas un bien joli monsieur.

Mais ce ne sont là qu'épin's d'acacia
D'un p'tit chansonnier d'agaçants propos
Qui f'ront ricaner l'intelligentsia
Et les nostalgiqu's de la Gestapo.
Oui, c'est toi qui a écrit ça.
Sois fier car c'est grâce à toi
Que tous les mal-blanchis n'ont pas fini
Leur voyage au bout d'la nuit.

As-tu gagné le ciel, Ferdinand?
Auquel cas, tu dois pas être heureux
Car, si c'est vrai, ce que l'évangile nous apprend,
Les négros vont aussi dans les cieux.

# Riz pilé

Elle pile le riz
Dans la douceur du soir
A l'heure de l'espoir
Quand les bêtes vont boire
Et le sein fleuri
D'une goutte de lait
Arrose le palais
D'un enfant qui sourit

C'est le chant du riz pilé
Riz pilé riz pilé
C'est le chant du riz pilé
Riz pilé

Elle pile le riz
Et son long cou d'ébène
Est luisant de petits
Ruisselets de sa peine
Le geste rythmé
Du pilon en colère
Fait danser son collier
De petits bouts de verre

C'est le chant du riz pilé
Riz pilé riz pilé
C'est le chant du riz pilé
Riz pilé

Elle pile le riz
Ici rien n'a changé
Chaque perle de pluie
S'en va aux étrangers
Et pour ses petits
La carangue séchée
Que son bonhomme a pris
Fera quatre bouchées

C'est le chant du riz pilé
Riz pilé riz pilé
C'est le chant du riz pilé
Riz pilé

Elle pile le riz
Et il coule de l'eau
Mais ses yeux de cabri
N'endiguent pas le flot
Elle supportera
Dès le prochain été
Tout le poids de son ventre
A nouveau habité

C'est le chant du riz pilé
Riz pilé riz pilé
C'est le chant du riz pilé
Riz pilé

Elle pile le riz
l'amertume attisée
Quand retentit le cri
Des fillettes excisées
Elle revoit surtout
Ses frères indifférents
Quand s'écoulait le sang
Inondant ses genoux

C'est le chant du riz pilé
Riz pilé riz pilé
C'est le chant du riz pilé
Riz pilé

Elle pile le riz
Près des blocs de béton
De la cotonnerie
Ou y'a pas de coton
C'est aux messieurs blancs
Qui soulagent la misère
En tirant l'éléphant
De leur hélicoptère

C'est le chant du riz pilé
Riz pilé riz pilé
C'est le chant du riz pilé
Riz pilé

# La femme grillagée

Écoutez ma chanson bien douce
Que Verlaine aurait su mieux faire
Elle se veut discrète et légère
Un frisson d'eau sur de la mousse
C'est la complainte de l'épouse
De la femme derrière son grillage
Ils la font vivre au Moyen Âge
Que la honte les éclabousse

Quand la femme est grillagée
Toutes les femmes sont outragées
Les hommes les ont rejetées
Dans l'obscurité

Elle ne prend jamais la parole
En public, ce n'est pas son rôle
Elle est craintive, elle est soumise
Pas question de lui faire la bise
On lui a appris à se soumettre
À ne pas contrarier son maître
Elle n'a droit qu'à quelques murmures
Les yeux baissés sur sa couture

Quand la femme est grillagée
Toutes les femmes sont outragées
Les hommes les ont rejetées
Dans l'obscurité

Elle respecte la loi divine
Qui dit, par la bouche de l'homme,
Que sa place est à la cuisine
Et qu'elle est sa bête de somme
Pas question de faire la savante
Il vaut mieux qu'elle soit ignorante
Son époux dit que les études
Sont contraires à ses servitudes

Quand la femme est grillagée
Toutes les femmes sont outragées
Les hommes les ont rejetées
Dans l'obscurité

Jusqu'aux pieds, sa burqa austère
Est garante de sa décence
Elle prévient la concupiscence
Des hommes auxquels elle pourrait plaire
Un regard jugé impudique
Serait mortel pour la captive
Elle pourrait finir brûlée vive
Lapidée en place publique

Quand la femme est grillagée
Toutes les femmes sont outragées
Les hommes les ont rejetées
Dans l'obscurité

# Le zizi

Afin de nous ôter nos complexes
Ô gué, ô gué
On nous donne des cours sur le sexe
Ô gué, ô gué
On apprend la vie secrète
Des angoissés d' la bébête
Ou de ceux qui trouvent dégourdi
De montrer leur bigoudi
Une institutrice très sympathique
Nous en explique toutes la mécanique
Elle dit nous allons planter le décor
Ô gué, ô gué
De l'appareil masculin d'abord
Ô gué, ô gué
Elle s'approche du tableau noir
On va p' têt' enfin savoir
Quel est ce monstre sacré qui a donc tant de pouvoir
Et sans hésiter elle nous dessine
Le p'tit chose et les deux orphelines

Tout tout tout
Vous saurez tout sur le zizi
Le vrai, le faux
Le laid, le beau
Le dur, le mou
Qui a un grand cou
Le gros touffu
Le p'tit joufflu
Le grand ridé
Le mont pelé
Tout tout tout tout
Je vous dirai tout sur le zizi

Des zizis y'en a d'toutes les couleurs
Ô gué, ô gué
Des boulangers jusqu'aux ramoneurs
Ô gué, ô gué
J'en ai vu des impulsifs
Qui grimpaient dans les calcifs
J'en ai vu de moins voraces
Tomber dans les godasses
Çui d'un mécanicien en détresse
Qui a jamais pu réunir ses pièces
Y a le zizi tout propre du blanchisseur
Ô gué, ô gué
Celui qui amidonne la main de ma sœur
Ô gué, ô gué
J'ai vu le zizi d'un curé
Avec son p'tit chapeau violet
Qui juste en pleine ascension
Fait la génuflexion
Un lever de zizi au crépuscule
Et celui du pape qui fait des bulles

Tout tout tout
Vous saurez tout sur le zizi
Le vrai, le faux
Le laid, le beau
Le dur, le mou
Qui a un grand cou
Le gros touffu
Le p'tit joufflu
Le grand ridé
Le mont pelé
Tout tout tout tout
Je vous dirai tout sur le zizi

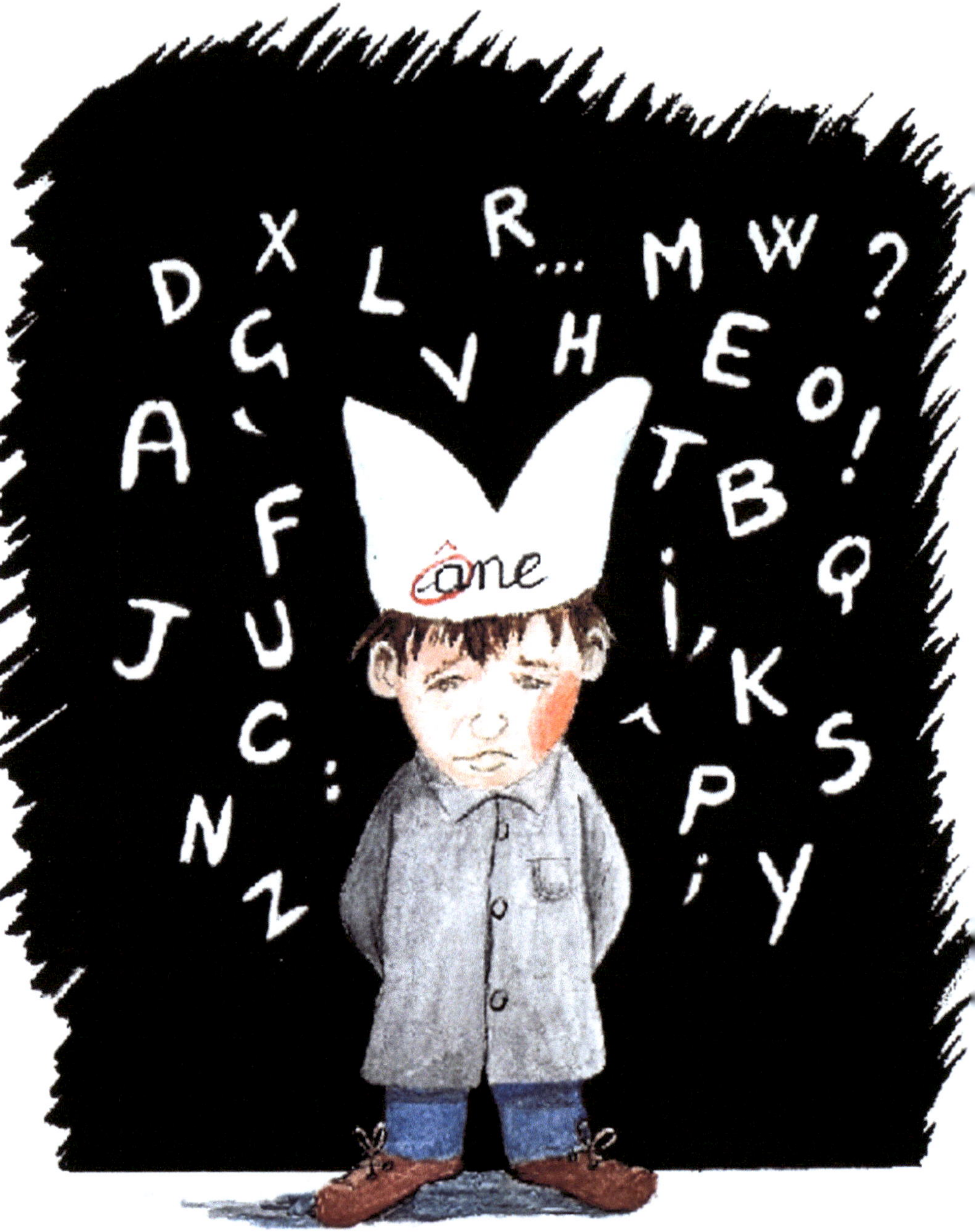
âne

# La réforme de l'orthographe

Tous les cent ans les néographes
Font une réforme de l'orthographe
En rognant les tentacules
Des gardiens de nos virgules
On voit alors nos gens de lettres
Chacun proteste à sa fenêtre
Mes consonnes, au nom du ciel!
Touche pas à mes voyelles!

La réforme de l'orthographe
M'eût pourtant évité des baffes
Quand je tombais dans le panneau
De charrette et de chariot

Le Roi pourtant fut bien le Roué
Le François devint le Français
Et Molière mit aussi
Un y à mercy
Le véritable sacrilège
Serait de suivre ce cortège
De vieilles lunes alambiquées
Eprises de compliqué

La réforme de l'orthographe
M'eût pourtant évité des baffes
Quand du tréfonds de ma détresse
J'oubliais toujours l's

Croquemonsieur et tirebouchon
N'ont plus besoin d'un trait d'union
Croquemadame et tapecul
N'en auront plus non plus
Contremaîtresse et contrefoutre
Eux-mêmes ne pourront passer outre
Entrecuisse et entrechat
N'ont pas non plus le choix

La réforme de l'orthographe
M'eût pourtant évité des baffes
C'est les cuisseaux et les levrauts
Qui me rendent marteau

Faudra aussi laisser quimper
Dans nos chères onomatopées
Ce trait unissant froufrou
Yoyo pingpong troutrou
On pourra souder nos bluejeans
Nos ossobucos nos pipelines
Vademecum exvoto
Feront partie du lot

La réforme de l'orthographe
M'eût pourtant évité des baffes
Mettre un t au bout de l'appât
Que n'avais-je fait là!

Et quand malgré nos vieux réflexes
On posera plus nos circonflexes
Sur maîtresse et enchaîné
On fera un drôle de nez
Mais les générations prochaines
Qui mettront plus d'accent à chaînes
Jugeront que leurs aînés
Les ont longtemps traînées

La réforme de l'orthographe
Contrarie les paléographes
Depuis qu'un l vient d'être ôté
A imbécillité

# Les jolies colonies de vacances

Les jolies colonies de vacances
Merci maman, merci papa
Tous les ans, je voudrais que ça r'commence
You kaïdi aïdi aïda.

J'vous écris une petite bafouille
Pour pas qu'vous fassiez d'mouron
Ici on est aux p'tits oignons
J'ai que huit ans mais je m'débrouille
J'tousse un peu à cause qu'on avale
La fumée d'l'usine d'à côté
Mais c'est en face qu'on va jouer
Dans la décharge municipale.

Les jolies colonies de vacances
Merci maman, merci papa
Tous les ans, je voudrais que ça r'commence
You kaïdi aïdi aïda.

Pour becqu'ter on nous met à l'aise
C'est vraiment comme à la maison
Les faillots c'est du vrai béton
J'ai l'estomac comme une falaise
L'matin on va faire les poubelles
Les surveillants sont pas méchants
Ils ronflent les trois quarts du temps
Vu qui sont ronds comme des queues d'pelles.

Les jolies colonies de vacances
Merci maman, merci papa
Tous les ans, je voudrais que ça r'commence
You kaïdi aïdi aïda.

Hier, j'ai glissé de sur une chaise
En f'sant pipi dans le lavabo
J'ai le menton en guidon d'vélo
Et trois canines au Père Lachaise
Les punitions sont plutôt dures
Le pion il a pas son pareil
Y nous attache en plein soleil
Tout nus barbouillés d'confiture

Les jolies colonies de vacances
Merci maman, merci papa
Tous les ans, je voudrais que ça r'commence
You kaïdi aïdi aïda.

Pour se baigner c'est l'coin tranquille
On est les seuls personne y va
On va s'tremper dans un p'tit bras
Où sortent les égouts d'la ville
Paraît qu'on a tous le typhusse
On a l'ptrus tout boutonneux
Et l'soir avant s'se mettre aux pieux
On compte à celui qu'en aura l'plus.

Les jolies colonies de vacances
Merci maman, merci papa
Tous les ans, je voudrais que ça r'commence
You kaïdi aïdi aïda.

J'vous envoie mes chers père et mère
Mes baisers les plus distingués
J'vous quitte là j'vais voir ma fiancée
Une vieille qu'a au moins ses dix berges
Les p'tits on a vraiment pas d'chance
On nous fait jamais voyager
Mais les grandes filles vont à Tanger
Dans d'autres colonies d'vacances

Les jolies colonies de vacances
Merci maman, merci papa
Tous les ans, je voudrais que ça r'commence
You kaïdi aïdi aïda.

# Le plombier

Je suis l'plombier bier-bier-bier-bier
J'ai un beau métier
J'fais mon turbin bin-bin-bin-bin
Dans les salles de bains
Il faut qu'on m'implore
De l'aube à l'aurore
Je colmate les tuyaux
Je guéris tous les maux
De mon p'tit chalumeau

On m'attend pendant des mois
On me réclame on m'apitoie
Et on insiste à genoux
Venez donc chez nous venez donc chez nous
On m'appelle d'urgence au-dessus
On m'supplie de venir en-dessous
Y a des immeuble cossus
Sens dessus dessous
Sens dessous dessus

Je suis l'plombier bier-bier-bier-bier
J'ai un beau métier
J'fais mon turbin bin-bin-bin-bin
Dans les salles de bains
Il faut qu'on m'implore
De l'aube à l'aurore
Je colmate les tuyaux
Je guéris tous les maux
De mon p'tit chalumeau

Y en a qui se tirent à Monaco
Sans fermer les robicots
Quand y retrouvent leur salle de bains
Y a de quoi baptiser une armée de païens
J'emmène mon copain Henri
Qui changent les moquettes pourries
Et on partage le bénéf
Dans cette combine-là on bosse comme des chefs

Je suis l'plombier bier-bier-bier-bier
J'ai un beau métier
J'fais mon turbin bin-bin-bin-bin
Dans les salles de bains
Il faut qu'on m'implore
De l'aube à l'aurore
Je colmate les tuyaux
Je guéris tous les maux
De mon p'tit chalumeau

L'autre jour je vais chez un client
Qui se lavait plus depuis longtemps
Y me dit mon chauffe-eau marche plus
Y a même pas un mois que vous me l'avez vendu
Je dis hélas ça se répare pas
On fait plus ce modèle-là
Y a plus de pièces y a plus de main-d'oeuvre
Moi j'dis à votre place je m'en payerais un neuf

Je suis l'plombier bier-bier-bier-bier
J'ai un beau métier
J'fais mon turbin bin-bin-bin-bin
Dans les salles de bains
Il faut qu'on m'implore
De l'aube à l'aurore
Je colmate les tuyaux
Je guéris tous les maux
De mon p'tit chalumeau

Quand une belle cliente me dit
Ma chaudière s'est refroidie
Mon mari est en voyage
C'est lui d'habitude qui me réglait le chauffage
Je déballe tous mes outils
Mon label de garantie
On échange nos groupes sanguins
Et c'est le seul cas ou je reviens le lendemain

Je suis l'plombier bier-bier-bier-bier
J'ai un beau métier

# Vert de colère

Je suis vert de colère
Contre ces pauvres types
Qui bousillent la terre,
Cette jolie terre
Que nos pères, nos grands-pères
Avaient su préserver
Durant des millénaires.

Les rivières écument.
Les usines fument.
Les moutons mange leurs papas
Changés en granulés.
Les déchets ultimes,
La vache folle en prime,
Sont un petit cadeau du ciel
De nos industriels.

Je suis vert, vert, vert,
Je suis vert de colère
Contre ces pauvres types
Qui bousillent la terre.

De Brest aux Maldives,
Vont à la dérive
Des poubelles radioactives
Jusqu'au fond des lagunes
Et, même sans tapage,
Des maires de village
En enterre dans leur commune
Pour faire entrer des thunes.

Je suis vert, vert, vert,
Je suis vert de colère
Contre ces pauvres types
Qui bousillent la terre.

Les blés, les patates
Sont bourrés de nitrates.
On shoote aussi bien les veaux
Que les champions haut-niveau.
On se fait des tartines
Au beurre de dioxine.
En voiture, on a le point vert
Pour doser nos cancers.

Je suis vert, vert, vert,
Je suis vert de colère
Contre ces pauvres types
Qui bousillent la terre.

Sous la couche d'ozone,
L'oxyde de carbone
Tue nos forêts si précieuses
Autant que les tronçonneuses.
L'air pur s'amenuise.
Nos sources s'épuisent
Mais colorants, salmonelloses
Nous font la vie en rose.

Je suis vert, vert, vert,
Je suis vert de colère
Contre ces pauvres types
Qui bousillent la terre.

Pour qu'y ait pas de panique,
Leurs poisons transgéniques,
Ils les nomment "sciences de la vie"
Ou "biotechnologies".
Leurs gènes font la nique
Aux antibiotiques.
Pour guérir nos infections,
Faudra de l'inspiration.

Je suis vert, vert, vert,
Je suis vert de colère
Contre ces pauvres types
Qui bousillent la terre.

Tous les ans, bonhomme,
Sept milliards de tonnes
De gaz mortel $CO_2$
S'envolent dans les cieux.
L'effet de serre menace.
Ça fait fonde les glaces.
La mer monte: c'est sans danger,
Y aura qu'à éponger.

Je suis vert, vert, vert,
Je suis vert de colère
Contre ces pauvres types
Qui bousillent la terre.
Il y a ceux qui chantent
La chanson du profit
Contre tous ceux qui aiment
La chanson de la vie.

# Donnez-nous des jardins

Donnez-nous donnez-nous des jardins
Des jardins pour y faire des bêtises
D'où l'on revient des p'tites fleurs à la main
Quand on a déchiré sa chemise
Des jardins d'où l'on est si contents
De rentrer les genoux tout en sang

C'est pas qu'on s'embête
En bas des H.l.m.
Mais les galipettes
Sur le ciment c'est pas la crème
Pour trouver de l'herbe
Accrochez-vous bien
Comme disait un lézard vert
Qui était pas daltonien
Si on cassa les vitres
Quand on joue au football
Qu'on vous casse les pieds
Aussitôt qu'on revient de l'école
C'est qu'on manque d'espace
De piafs et de feuilles
Y a plus qu'à la caisse d'épargne
Qu'on trouve des écureuils

Donnez-nous donnez-nous des jardins
Des jardins pour y faire des bêtises
D'où l'on revient des p'tites fleurs à la main
Quand on a déchiré sa chemise
Des jardins aux odeurs sauvageonnes
Ça vaut celles des oxydes de carbone

Bien souvent je rêve
De bêtes et de prairies
Recherchant une trêve
A cet univers un peu gris
Je joue aux abeilles
Le vol du bourdon
Si la reine s'émerveille
Mon goûter sera bon
Les mulots gambillent
Le hibou vend des poux
Une jolie chenille
Est venue tremper une soupe aux choux
Un pauvre mille-pattes
Se voit déjà ruiné
Par cinq cent paires de savates
Qui ont besoin de ressemeler

Donnez-nous donnez-nous des jardins
Des jardins pour y faire des bêtises
D'où l'on revient des p'tites fleurs à la main
Quand on a déchiré sa chemise
Des jardins d'où l'on est si contents
De rentrer les genoux tout en sang

Dire au hérisson
Qu'il peut aller se raser
Au vieux saule pleureur
De ne pas trop se démoraliser
Et à la mante religieuse
De ne pas bouffer son mec
Quand même ces dames du M.l.f.

Trouveraient pas ça correct
Quelle vie merveilleuse
Loin des marteaux-piqueurs
Des marchands de béton
Qui feraient bien mieux de vendre des choux-fleurs
Laissez pousser l'herbe
Les arbres et les fleurs
Même les ânes en ont besoin
Autant que les promoteurs

Donnez-nous donnez-nous des jardins
Des jardins pour y faire des bêtises
D'où l'on revient des p'tites fleurs à la main
Quand on a déchiré sa chemise
Des jardins pleins d'animaux marrants
Ça nous changerait un peu de nos parents.

# Ouvrez la cage aux oiseaux

Ouvrez ouvrez la cage aux oiseaux
Regardez-les s'envoler c'est beau
Les enfants si vous voyez
Des p'tits oiseaux prisonniers
Ouvrez-leur la porte vers la liberté

Un p'tit dé à coudre
Et trois goutt' d'eau dedans
Au d'ssus du perchoir
Un os de seiche tout blanc
Et un petit piaf triste de vivre en prison
Ça met du soleil dans la maison
C'est c' que vous diront
Quelques rentiers vicelards
Des vieux schnocks
Qui n'ont qu' des trous d'air
Dans l' cigare
Une fois dans vot' vie,
Vous qui êtes pas comme eux
Faites un truc qui vous rendra heureux

Si vot' concierge fait cui-cui sur son balcon
Avec ses perruches importées du Japon
Ses canaris jaunes et ses bengalis
A vot' tour faites leur guili-guili
Sournoisement exclamez vous
" Dieu! quel plumage! "
Mais chère Madame
On vous demande au 3ème étage
Et dès que la bignole aura l' dos tourné
Même si on doit pas vous l' pardonner

Ouvrez, ouvrez la cage aux oiseaux
Regardez les s'envoler, c'est beau
les enfants si vous voyez
Des petits oiseaux prisonniers
Ouvrez-leur la porte vers la liberté

# Les tabliers bleus

Je me souviens mes premiers émois
En l'éclosion de mes vertes années.
Y'avait la guerre et l'école, et pour moi,
C'était chagrin et le piquet
Et Marénotte et tonton Étienne
M'avaient appris à dire bien poliment:
"J'ai eu six ans. Je suis un gentleman."
Et on riait de mon accent.

C'était le temps des tabliers bleus.
A la récré, on était des dieux
Et papa n'appréciait pas: "Maréchal, nous voilà."

Je me souviens d'une maîtresse en or,
Du préau, de la cour, des marronniers,
L'encre violette, la plume sergent major
Et du grillon dans mon plumier.
Je me souviens de cette photo de classe
Où je suis le seul à sourire, comme toujours,
Et de maman qui peignait ma tignasse
Quand je partais l'oeil plein d'amour.

C'était le temps des tabliers bleus.
A la récré, on était des dieux
Et papa n'appréciait pas: "Maréchal, nous voilà."

Je me souviens de cette fin de guerre,
Du café plein de héros fatigués.
Certains rentraient des maquis en colère
Quand leurs copains y'étaient restés.
Ils parlaient tous de prisonniers boches,
De collabos et de camps insensés
Et de ticket pour le pain, les galoches,
Et les zazous venaient danser.

C'était le temps des tabliers bleus.
A la récré, on était des dieux
Et maman gardait pour moi sa ration de chocolat.

Je me souviens des fiers justiciers,
Des beaux yeux de la tondue qui pleurait
Et de Joseph - Papa l'avait caché -
Quand il revint le remercier.
Puis ce fut le temps des belles parties de pêche
Dans ces matins que l'on cueille en silence.
Papa, maman avaient une âme fraîche.
Ce fut toujours la connivence.

Fini le temps de tabliers bleus.
A quatorze ans, j'allais être vieux
Et papa voulait déjà que je trouve le la.
Ces années tendres où j'étais heureux,
Tous ces souvenirs loin du couvre-feu
Sont ressortis d'une poche de mon tablier bleu.

# L'hopital

Un lit de fer tout blanc et sur la table de nuit
Un bouquet d'anémones offert par un ami
Un petit transistor qui vous soutient le moral
C'est là tout l'univers des p'tits vieux de l'hôpital
Ici ça sent l'urine et l'huile de Goménol
Une femme aux cheveux blancs tout doucement somnole
Elle attend des nouvelles de son fils qui lui a dit
Depuis des mois déjà qu'il viendrait un lundi

Qu'on est loin de son pays natal
Quand on se retrouve à l'hôpital

Un poète aux yeux clairs toute la journée fredonne
Il y a longtemps déjà qu'il n'attend plus personne
Et pourtant il écrit aux postes de radio
Demandant aux chanteurs d'envoyer une photo
La salle commune est pleine et le docteur regrette
Que pour quarante il n'y ait qu'un cabinet de toilette
Et que deux infirmières accablées de labeur
Qui sourient et qui grondent mais ne comptent pas les heures

Qu'on est loin de son pays natal
Quand on se retrouve à l'hôpital

Ils dévorent en cachette leur paquet de bonbons
C'est meilleur que l'endive et l'éternel jambon
Mais ces dimanches heureux en famille en gâteaux
Peut-on les remplacer par un triste loto
Quel est cet humoriste ou ce génial auteur
Qui affirmait que l'argent ne fait pas le bonheur
Certes il n'effacerait pas l'atroce solitude
Mais rendrait plus humain ce quotidien si rude

Qu'on est loin de son pays natal
Quand on se retrouve à l'hôpital

# Ainsi parlait mon grand-père

Au-dessous du nombril
Y a pas d'religion
Pas d'morale pas de juge
Y a pas de répression
Les parties qui se battent
Pour l'investiture
Ma gauche et ma droite
Sont sous la ceinture
Celui qui mange tout seul
S'étrangle tout seul
Prie le bon Dieu ou prie Vichnou
T'aura mal aux genoux
Le cheval qui court tout seul
Est toujours le meilleur
Si l'couteau va sur la meule
C'est pas pour couper le beurre

Ainsi parlait mon grand-père
Qui avait une sacrée belle paire
De boucles en or aux oreilles
Pour plaire aux jolies petites vieilles

Au-dessous du nombril
Y a pas de religion
Quand le printemps se pointe
Y a de l'agitation
Plus les nonnes sont belles
Plus hauts sont les murs
Ton chien est fidèle
Ta femme c'est moins sûr

Si les jeunes avocats font
Des procès perdus
Les médecins en herbe font
Des cimetières bossus
On ne pense plus au parapluie
Dès que la pluie s'arrête
Le voleur qui n'est pas pris
Est un garçon honnête

Ainsi parlait mon grand-père
Qui rampait devant grand-mère
Avant de s'envoyer en l'air
Avec les hôtesses de l'air

Au dessous du nombril
Y a pas de religion
Là personne ne blâme
Quand y a inflation
Si tu prends une femme
Achète un mouchoir
Mais si tu en as pas
Tu te feras chier le soir
Hier si vite courait le vent
Qu'il tombe aujourd'hui
Celui qui flatte l'éléphant
Piétine la fourmi
Si tu es seul face à l'épreuve
Ne compte que sur toi
Si tu veux pas faire une veuve
Faut pas être soldat

Ainsi parlait mon grand-père
Qui pour sa belle couturière
Faisait le mètre-étalon
Pour un ourlet de pantalon

Au-dessous du nombril
Y a pas de répression
Pas de moralité pas de juge
Pas d'accusation
Si tu flingues un homme
Ils voudront ta peau
Mais si tu en tues cent
Tu seras un héros
C'est surtout les filles publiques
Bonnes sœurs et prélats
Ainsi que les chômeurs
chroniques
Qui usent les matelas
Et si ton mariage cloche
Évite la bagarre
Si ta femme te trouve moche
Baise-la dans le noir

Ainsi parlait mon grand-père
Si délicat si sincère
Qui pour pas lui faire d'affront
Sautait la femme du patron
Ainsi parlait mon grand-père
Ainsi parlait mon grand-père...

# Elle attend son petit

En l'année soixant' quinze
Un' loi du parlement
Permettait aux français's
D'avorter librement
Adieu donc la gamin'
Qu' les matron's du quartier
Sur la tab' de cuisin'
Charcutaient sans pitié
Mais tous les gens honnêt's
Les sujets bien-pensants
Soulèvent des tempêtes
Ont le poing menaçant
Ces mêmes gens de bien
Qui vous trait'ront plus tard
La mère de putain
Et le fils de bâtard

Toi la femme cobaye
Pauvre maman lapin
Qui porte en tes entrailles
Ton douzièm' chérubin
Dans tes reins surmenés
Sens-tu comme aux beaux jours
Ce frisson raffiné
Qu'on appelle l'amour
Laiss' les vivre pourtant
Ce garçon ou cett' fille
Qui f'ront un' grand' famille
De chômeurs à plein temps
Ou l'un d' ces p'tits héros
Qui ornent les monuments
Parmi tous les enfants
Du Docteur Ogino

Vous les pèr's de famill'
Si fiers de vos fredain's
Quand c'est l' tour de vot' fill'
C'est un' Marie-Madelein'
Je connais un' fillett'
A qui le ventre pouss'
Dix-sept ans aux fleurett's
Elle est seul' contre tous
Elle attend son petit
Elle se fait du tourment
Elle a eu un amant
Il était si gentil
Elle attend son petit
Elle le sent bien vivant
Accroché à ses flancs
Agrippé à la vie

Elle attend son petit
Elle se fait du tourment
Elle attend un enfant
Et le mec est parti
Le courageux papa
Lui a dit dans cett' affair'
Qui m' dit qu'il est de moi
A moi faut pas m' la fair'
Mêm' ses vieux l'ont virée
Lui ont dit ma fill' tir'-toi
Tes p'tit's histoir's de fess's
Ne nous concernent pas
Le toubib calotin
Lui a dit sans préambules
Qu'on tue pas un chrétien
Sauf avec la pilul'

Il faudrait quatre sous
Elle avait des amis
Les amis mett'nt les bouts
Et la fête est finie
Du boulot pas question
On veut bien d'un' femm' seul'
Mais dans cett' situation
Les patrons font la gueul'
Elle connaît la déprim'
Dans cett' vill' de provinc'
Où seuls devienn'nt des princ's
Les enfants légitim's
Mais ... les docteurs Panglos
Qui ont toujours rien compris
Vous font pondre des goss's
A n'importe quel prix
Elle attend son petit
Là-bas dans sa cambrouss'
Et son mec est parti
Elle est seul' contre tous

# Quand le soleil entre dans ma maison

Quand le soleil se pointe à l'horizon
Tes griffes sont rentrées et tu ronronnes dans mon cou
Des petits mots chauffés à blanc comme ta robe
Des petits mots tabous des mots qu'on n'écrit pas sur une invitation
Quand le soleil entre dans ma maison-on

Quand le soleil se pointe à l'horizon
Tu promènes endormie tes lèvres douces sur mes reins
Je sens tes seins dressés comme des barricades
Et sur ma peau tes dents qui brodent des croissants
Bleutés comme tes cernes
Quand le soleil entre dans ma maison-on

Quand le soleil se pointe à l'horizon
Tu m'égratignes le cœur avec tes épingles à cheveux
Et tu dis en baillant chéri fais-moi l'amour
Fous ce réveil en l'air et fais-moi du café
Brûlant comme ta bouche
Quand le soleil entre dans ma maison-on

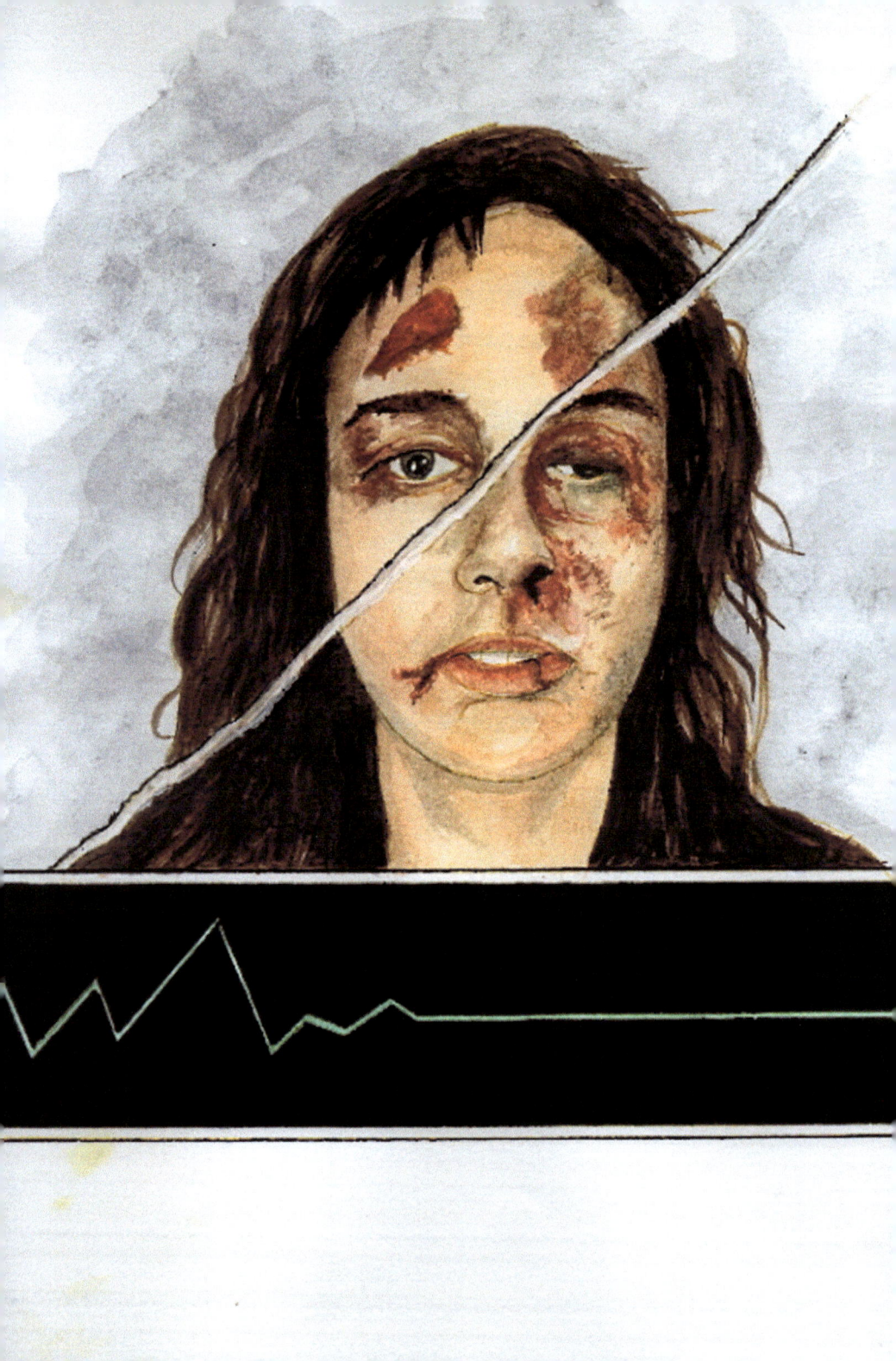

# Femmes battues

Tabassée a mort par amour,
Parait qu'c'est courant de nos jours
Le métier d'épouse n'est pas sur
Quand on est la femme d'un vrai dur.
Mais celle qu'il appelle sa traînée
D'infidélité soupçonnée
A pourtant aime ce débris
Qui la frappe a bras raccourcit.

Oui c'est a toutes les femmes battues
Qui jusqu'à présent se sont tues
Frappées a mort par un sale con,
Que je dédie cette chanson.

Au commissariat du quartier
La femme tuméfiée et l'époux
Sont debout devant le brigadier
Qui soupire et dit "Encore vous
Votre mari présent, chère madame,
Prétend qu'vous l'avez bien cherché,
Pourquoi faire alors tout un drame ?
Vous n'êtes pas tellement amochée !"

Oui c'est a toutes les femmes battues
Qui jusqu'à présent se sont tues
Frappées a mort par un sale con,
Que je dédie cette chanson.

Il prétend qu'vous êtes économe
Du tissu qui cache vos rondeurs
En vous corrigeant, c'est en somme
Qu'il apaise un peu sa rancœur.
Rentrez tous les deux vous coucher
Ça va s'régler sur l'oreiller
Les voisins n'vont pas protester
En d'vinant pourquoi vous criez !

Oui c'est a toutes les femmes battues
Qui jusqu'à présent se sont tues
Frappées a mort par un sale con,
Que je dédie cette chanson.

Tant qu'les voies de fait sont bénignes
Des blessures ouvertes ou des bleus,
Pour nous, policiers, la consigne
C'est de n'pas sévir pour si peu.
S'il vous étouffait sous la couette,
S'il vous étranglait de ses mains,
Nous pourrions ouvrir une enquête,
Vous n'seriez pas morte pour rien !

Oui c'est a toutes les femmes battues
Qui jusqu'à présent se sont tues
Frappées a mort par un sale con
Que je dédie cette chanson.

# La sieste

Oh bon Dieu ce qu'il peut faire chaud
On a pourtant mis le ventilo
Ma poupée est couchée sur le dos
Elle peut pas fermer ses petits rideaux
D'un petit air innocentissimo
Les yeux crépitant comme des fagots
Elle me dit viens essayons de faire dodo
Le petite sieste elle a bon dos

Dehors des gens parlent de friture
Et de protection de la nature
A quatre heures ils mettront leur chapeau
Pour aller voir mourir le taureau
Sa fermeture se coince entre mes doigts
Elle cambre en avant son ventre plat
Ah ces blue-jeans c'est pas un cadeau
Dit-elle en pédalant sur le dos

Soudain je vois au bout d'une lande
Un petit paquet de maryland
Qu'elle roule entre ses cuisses en ciseaux
C'est la plus jolie pièce du trousseau
C'est alors qu'elle se met à son tour
A me dépiauter comme un vautour
Ses mains sont des hélices de bateau
La petite sieste elle a bon dos

Dehors on entend le marchand de beignets
Dire qu'à la rentrée ça va saigner
Une femme dit quel petit con ce chose
On saura jamais de qui elle cause
Les baisers maintenant tombent sur moi
Comme les hirondelles dans le froid
J'ai comme des petits glaçons dans la peau
La petite sieste elle a bon dos

Le soleil a plié ses genoux
Le marchand de beignets a mis les bouts
Dans l'arène un taureau sanguinaire
Est tombé le nez dans la poussière
Ma poupée s'éveille et dit j'ai faim
Cette petite sieste m'a fait du bien
Demain on la commencera plus tôt
Car je sens Bon Dieu qu'il va faire chaud

# Quelle époque on vit

Je vais me laisser aller
Ce soir mes chers amis
Je vais vous déballer
Mes petites nostalgies
Quand Jeanne la Lorraine
Etait pas dans play-boy
Et les quatre filles du roi
A cocorico-boy

Ah quelle époque on vit
On se demande un peu
Ce que fout le bon dieu

Nos belles n'ont que faire
Des dames du temps jadis
Ni de ces jolies bergères
Qui avaient pas le moindre vice
Elles quittent leur province
Avec Africa-tours
Poue éponger les princes
A un bâton par jour

Ah quelle époque on vit
On se demande un peu
Ce que fout le bon dieu

Nous n'irons plus au bois
Les travelos sont coupés
Ils ont chopé le sida
Ils sont à la pitié

La mère-grand du chaperon
A fini au fast-food
Et les trois capitaines
Sur une mine à Beyrouth

Ah quelle époque on vit
On se demande un peu
Ce que fout le bon dieu

La belle au bois dormant
Qu'on prit pour une fainéante
Elle vend des ouragans
Le soir au top cinquante
Barbe bleue sur la une
Fait brûler ses biftons
Cendrillon bourre de thunes
Sa valise en carton

Ah quelle époque on vit
On se demande un peu
Ce que fout le bon dieu

La lampe d'Aladin
A incendié Kaboul
Et l'enchanteur Merlin
Nous vend ses cages à poules
Et la mère l'oie qui nous
Prend tous pour des malades
Nous conseille de nous
Tramper le cul dans l'eau froide

Ah quelle époque on vit
On se demande un peu
Ce que fout le bon dieu

La femme de Neptune
A rencontré Ulysse
Et au clair de la lune
Ils font sauter Greenpeace
Ils dirent au procureur
Qu'on leur promit du blé
Chez les quarante voleurs
Qui siègent à l'assemblée

Ah quelle époque on vit
On se demande un peu
Ce que fout le bon dieu

Nos reines de Saint-Tropez
qui sniffent la cocaïne
Quand elle rendent la monnaie
Se font faire des liftings
Aujourd'hui c'est normal
Quand on veut des joues plates
On vous remonte le trou de balle
Entre les omoplates

Ah quelle époque on vit
On se demande un peu
Ce que fout le bon dieu

Quand la perfide Albion
Commande Pénélope
A toutes les deux elles font
Une belle paire de salopes
Elles partirent aux Malouines
En culotte de satin
Pour refiler la chtouille
Aux braves Argentins

Ah quelle époque on vit
On se demande un peu
Ce que fout le bon dieu

A coups d'accordéon
De musique et d'argot
Je m'en vais faire alliance
Avec le roi Renaud
Pour bouter les rosbifs
Et même les amerloques
Qui arrêtent pas de nous gonfler
Avec leur putain de rock


Ah quelle époque on vit
On se demande un peu
Ce que fout le bon dieu

© 2021, Roger Moréton
Édition : BoD – Books on Demand,
12/14 rond-point des Champs-Élysées, 75008 Paris
Impression : BoD - Books on Demand, Norderstedt, Allemagne
ISBN: 978-2-322-26991-4
Dépôt légal : Octobre 2021